Johannes
BRAHMS

LIEBESLIEDER SUITE
from Opp. 52 and 65
Edited by
Richard W. Sargeant, Jr.

Vocal Score
Klavierauszug

SERENISSIMA MUSIC, INC.

CONTENTS

ORCHESTRA

2 Flutes (2nd also Piccolo)
2 Oboes
2 Clarinets
2 Bassoons
2 Horns

Violin I
Violin II
Viola
Cello
Double Bass

Duration: ca. 17 minutes
Premiere: March 4, 1870
Berlin, Hochschule
4 vocal soloists. orchestra
Ernst Rudorff (conductor)

ISBN: 978-1-60874-201-1
This score is a newly-engraved edition published for the first time.
Printed in the USA
Second Printing: November 2022.

Liebeslieder Suite
from Opp.52 & 65
1.

Johannes Brahms
Edited and arranged by Richard W. Sargeant, Jr.

Im Ländler-Tempo

Soprano

Alto

Tenor

Re - de, Mäd - chen, all - zu lie - bes,

Bass

Re - de, Mäd - chen, all - zu lie - bes,

Im Ländler-Tempo

Piano

p dolce

6

S.

A.

T.

das mir in die Brust, die küh - le, hat ge - schleu - dert

B.

das mir in die Brust, die küh - le, hat ge - schleu - dert

Pno.

p dolce

42011

4

mit dem Bli - cke die - se wil - den Glut - ge -

mit dem Bli - cke die - se wil - den Glut - ge -

19

füh - le! Willst du nicht dein Herz er - wei - chen, willst du,

füh - le! Willst du nicht dein Herz er - wei - chen, willst du,

19

ei - ne Ü - ber - from - me, ra - sten oh - ne trau - te

ei - ne Ü - ber - from - me, ra - sten oh - ne trau - te

Won - ne, o - der willst du, willst du, daß ich

Won - ne, o - der willst du, willst du, daß ich

Ra-sten oh - ne trau - te Won - ne nicht so bit - ter

Ra-sten oh - ne trau - te Won - ne nicht so bit - ter

kom - me?

kom - me?

will ich bü - ßen. Kom-me nur, du schwar - zes Au - ge,

will ich bü - ßen. Kom-me nur, du schwar - zes Au - ge,

46
S.
A.
T.
B.
kom - me wenn die Ster - ne grü -
kom - me wenn die Ster - ne grü -
willst du, daß ich kom - me, willst du, daß ich
willst du, daß ich kom - me, willst du, daß ich
46
Pno.
51
ßen, wenn die Ster - ne grü - - - ßen.
ßen, wenn die Ster - ne grü - - - ßen.
kom - me, willst du, daß ich kom - - - me?
kom - me, willst du, daß ich kom - - - me?
51
Pno.

2.

Soprano
Alto
Tenor
Bass
Piano
Am Ge-stei - ne rauscht die Flut,
hef - tig an -
Am Ge-stei - ne rauscht die Flut,
hef - - tig
Am Ge-stei - ne rauscht die Flut,
hef - tig an - - ge - -
Am Ge-stei - ne rauscht die Flut,
hef - - tig
S.
A.
T.
B.
Pno.

9

S.

-ge-trie - ben; ben; Wer da nicht

A.

an-ge-trie - ben; ben; Wer da nicht

T.

trie - ben; ben; Wer da nicht

B.

an-ge-trie - ben; ben; Wer da nicht

Pno.

S.

zu seuf - zen weiß, wer da nicht

A.

zu seuf - zen weiß, wer da nicht

T.

zu seuf - zen weiß, wer da nicht

B.

zu seuf - zen weiß, wer da nicht

Pno.

15
S.
zu seuf - zen weiß, lernt es
A.
zu seuf - zen weiß, lernt es
T.
zu seuf - zen weiß, lernt es
B.
zu seuf - zen weiß, lernt es
f
15
Pno.
cresc.
f
19
S.
un - term Lie - - ben. ben.
A.
un - term Lie - - ben. ben.
T.
un - term Lie - - ben. ben.
B.
un - term Lie - - ben. ben.
1.
2.
19
Pno.

3.

Wie des Abends schöne

Wie des Abends schöne

Röte möcht ich arme Dirne glühn,

Röte möcht ich arme Dirne glühn,

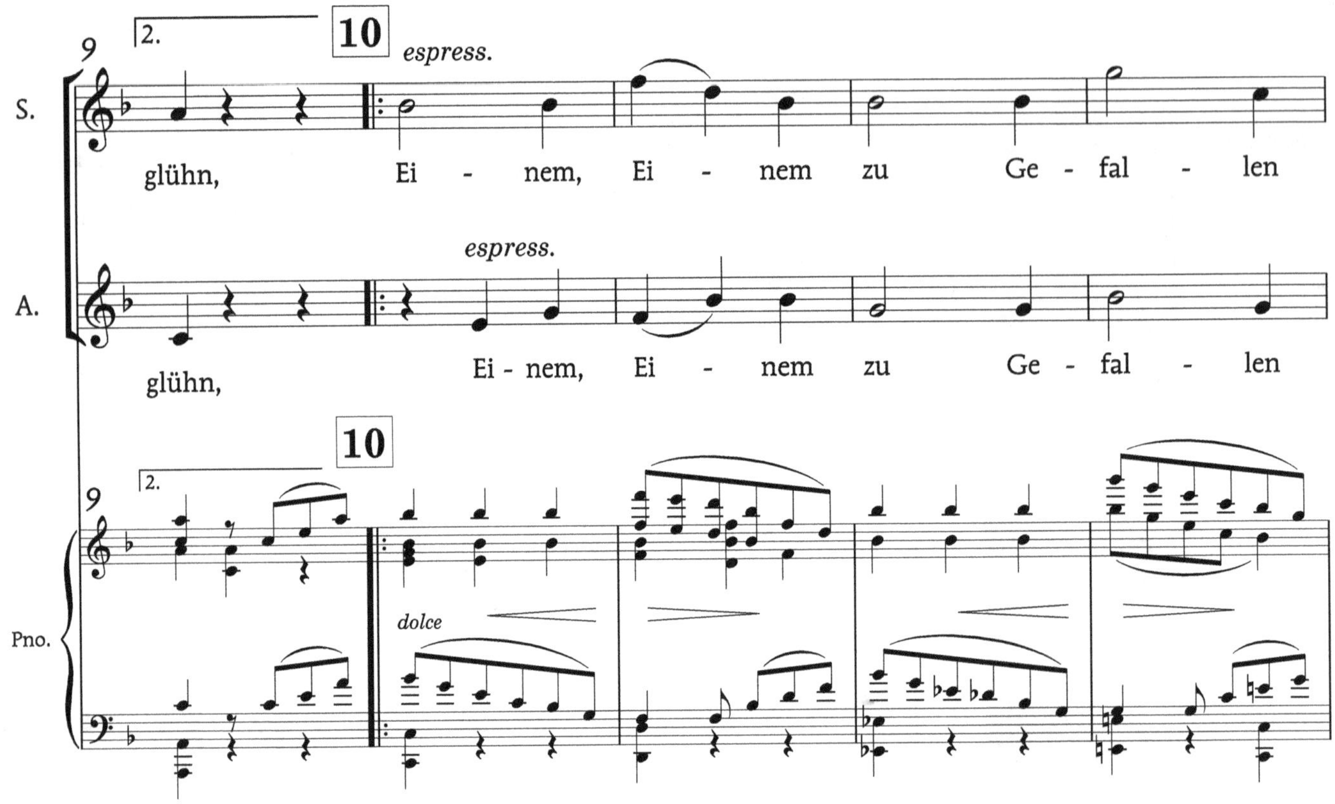
9
2.
10
espress.
S.
glühn, Ei - nem, Ei - nem zu Ge - fal - len
espress.
A.
glühn, Ei - nem, Ei - nem zu Ge - fal - len
10
9
2.
Pno.
dolce

1.
2.
14
S.
son - der En - de Won - ne sprühn. sprühn.
A.
son - der En - de Won - ne sprühn. sprühn.
1.
2.
14
Pno.

4.

Grazioso

Tenor: Ein klei - ner, hüb - scher Vo - gel

Grazioso

p sotto voce

S.: Wenn ich ein

A.: Wenn ich ein

T.: nahm den Flug zum Gar - ten hin, da gab es Obst ge -

B.: Wenn ich ein

13
S.
hüb - scher, klei - ner Vo - gel wär, ich säum-te
A.
hüb - scher, klei - ner Vo - gel wär, ich säum-te
T.
nug.
B.
hüb - scher, klei - ner Vo - gel wär, ich säum-te
13
Pno.
17
S.
nicht, ich tä - te so wie der.
A.
nicht, ich tä - te so wie der.
T.
poco f
Leim - ru - ten
B.
nicht, ich tä - te so wie der.
poco f
Leim - ru - ten
17
Pno.
tr
sf
marcato

22
S.
A.
T.
B.
poco f
der ar - me Vo - gel
Arg - list lau-ert an dem Ort, der ar - me Vo - gel
Arg - list lau-ert an dem Ort, der ar - me Vo - gel
Pno.
27
29
poco f
Leim - ru - ten Arg - list lau-ert an dem
konn-te nicht mehr fort, Leim - ru - ten Arg - list lau-ert an dem
konn-te nicht mehr fort, Leim - ru - ten Arg - list lau-ert an dem
konn-te nicht mehr fort, Leim - ru - ten Arg - list lau-ert an dem
mf

32
S.
Ort, der ar - me Vo - gel konn-te nicht mehr fort,
A.
Ort, der ar - me Vo - gel konn-te nicht mehr fort,
T.
Ort, der ar - me Vo - gel konn - te nicht konn-te nicht mehr
B.
Or, der ar - me Vo - gel konn - te nicht konn-te nicht mehr
32
Pno.

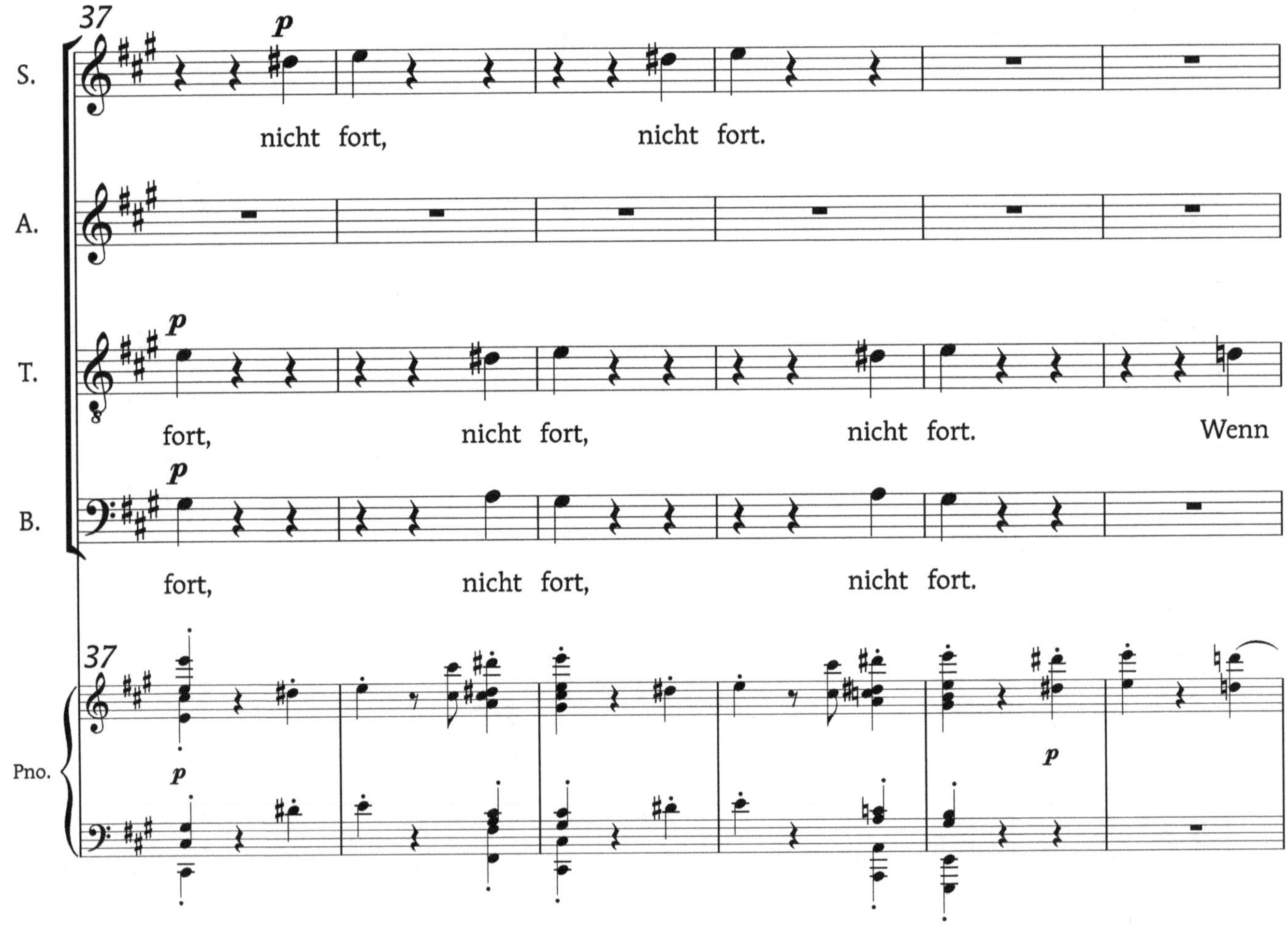
37
S.
p
nicht fort, nicht fort.
A.
T.
p
fort, nicht fort, nicht fort. Wenn
B.
p
fort, nicht fort, nicht fort.
37
Pno.
p
p

43
S.
A.
T.
ich ein hüb - scher, klei - ner Vo-gel wär, ich säum - te doch, ich
B.
43
Pno.

49
S.
p
Wenn ich ein hüb - scher, klei - ner Vo - gel
A.
p
Wenn ich ein hüb - scher, klei - ner Vo - gel
T.
tä - te nicht wie der,
B.
p
Wenn ich ein hüb - scher, klei - ner Vo - gel
49
Pno.
pp

54
S.
wär, ich säum-te doch, ich tä - te nicht wie der,
A.
wär, ich säum-te doch, ich tä - te nicht wie der, nicht wie
T.
p
nicht wie
B.
wär, ich säum-te doch, ich tä - te nicht wie der,
54
Pno.
3
p
59
S.
nicht wie der, nicht wie der, wie der.
A.
der, nicht wie der, nicht wie der, wie der.
T.
der, nicht wie der, nicht wie der, wie der.
B.
nicht wie der, nicht wie der, wie der.
59
Pno.
f
p

Der Vo - gel kam in
Der Vo - gel kam in
Der Vo - gel kam, der Vo - gel kam in
Der Vo - gel kam in

ei - ne schö - ne Hand,
ei - ne schö - ne Hand,
ei - ne schö - ne Hand,
ei - ne schö - ne Hand,

77
S.
A.
T.
B.
p
da tat es ihm, dem
da tat es ihm, dem
da tat es ihm, da tat es ihm, dem
da tat es ihm, dem
Pno.
83
Glück - li - chen, nicht and.
Glück - li - chen, nicht and.
Glück - li - chen, nicht and.
Glück - li - chen, nicht and.

89
91
S.
A.
T.
B.
p
Wenn ich ein hüb - scher, klei - ner Vo - gel wär, ich
Pno.
95
Wenn ich ein hüb - scher,
Wenn ich ein hüb - scher,
säum - te nicht, ich tä - te doch wie der,
Wenn ich ein hüb - scher,
pp
3

klei - ner Vo - gel wär, ich säum-te nicht, ich tä - te

klei - ner Vo - gel wär, ich säum-te nicht, ich tä - te

klei - ner Vo - gel wär, ich säum-te nicht, ich tä - te

doch wie der, wie der, wie der.

doch wie der, wie der, wie der, wie der.

wie der, wie der, wie der, wie der, wie der.

doch wie der, wie der, wie der, wie der.

5.

Soprano
Alto
Tenor
Bass
Piano
p
dolce
1. Die grü - ne Hop - fen - ran - ke, sie
2. hö - re, grü - ne Ran - ke, was
schlän - gelt auf der Er - de hin.
hebst du dich nicht him - mel wärts?
11
1. Die jun - ge, schö - ne
2. Du hö - re, schö - ne
S.
A.
T.
B.
Pno.
7

Dir - ne, so trau - rig ist ihr Sinn!
Dir - ne, was ist so schwer dein Herz?

2. Du Wie

hö - be sich die Ran - ke, der kei - ne Stü - tze

29
S.
A.
T.
B.
Pno.
Kraft ver - leiht? Wie wä - re die Dir - ne
Wie wä - re die Dir - ne
poco cresc.
fröh - lich, wenn ihr der Lieb - ste weit? Wie
p
p dolce
1.
2.

6.

Na - gen am Her - zen

fühl ich ein Gift mir, Na - gen am Her -

zen fühl ich ein Gift mir. Kann sich ein Mäd-chen,

oh - ne zu fröh - nen zärt - li - chem Hang,

fas - sen ein gan - zes, ein gan - zes won - ne - be -

raub - tes Le - ben ent - lang?

28

7.

Soprano: Nein, es ist nicht aus-zu-kom - men mit den Leu - ten;

Alto: Nein, es ist nicht aus-zu-kom - men mit den Leu - ten;

Tenor: Nein, es ist nicht aus-zu-kom - men mit den Leu - ten;

Bass: Nein, es ist nicht aus-zu-kom - men mit den Leu - ten;

S.: al - les wis-sen sie so gif - tig aus-zu-deu - ten! Bin ich hei - ter,

A.: al - les wis-sen sie so gif - tig aus-zu-deu - ten! Bin ich hei - ter,

T.: al - les wis-sen sie so gif - tig aus-zu-deu - ten! Bin ich hei - ter,

B.: al - les wis-sen sie so gif - tig aus-zu-deu - ten! Bin ich hei - ter, he-gen soll ich lo - se Trie - be; bin ich still, so

he-gen soll ich lo - se Trie - be; bin ich still, so

he-gen soll ich lo - se Trie - be; bin ich still, so

he-gen soll ich lo - se Trie - be; bin ich still, so

heißt's, ich wä-re irr aus Lie - be, irr aus Lie - be.

heißt's, ich wä-re irr aus Lie - be, irr aus Lie - be.

heißt's, ich wä-re irr aus Lie - be, irr aus Lie - be.

heißt's, ich wä-re irr aus Lie - be, irr aus Lie - be.

19 *f*

S. Nein, es ist nicht aus-zu-kom-men mit den Leu - ten; al - les wis-sen

A. Nein, es ist nicht aus-zu-kom-men mit den Leu - ten; al - les wis-sen

T. Nein, es ist nicht aus-zu-kom-men mit den Leu - ten; al - les wis-sen

B. Nein, es ist nicht aus-zu-kom-men mit den Leu - ten; al - les wis-sen

19

Pno. *sf* *mf* *f* *sf*

24

S. sie so gif - tig aus-zu-deu - ten! aus - zu-deu - ten!

A. sie so gif - tig aus-zu-deu - ten! aus - zu - deu - ten!

T. sie so gif - tig aus-zu-deu - ten! aus - zu - deu - ten!

B. sie so gif - tig aus-zu-deu - ten! aus - zu - deu - ten!

24 [1.] [2.]

Pno. *mf* *f* *f*

8.

Soprano: Wenn so lind dein Au - ge mir

Alto: Wenn so lind dein Au - ge mir

Tenor: Wenn so lind dein Au - ge mir

Bass: Wenn so lind dein Au - ge mir

S.: und so lieb - - lich schau - et, je - de letz - te

A.: und so lieb - - lich schau - et, je - de letz - te

T.: und so lieb - - lich schau - et, je - de letz - te

B.: und so lieb - - lich schau - et, je - de letz - te

Trü - be flieht, wel - che mich um - grau - et.

Die-ser Lie - be schö - ne Glut,

Die - ser Lie - be schö - - ne Glut,

Die - ser Lie - be schö - ne Glut, laß sie

Die - ser Lie - be schö - ne Glut, laß sie

laß sie nicht ver - stie - ben! Nim-mer wird, wie ich, so

laß sie nicht ver - stie - ben! Nim-mer wird, wie ich, so

nicht ver - stie - - ben! Nim-mer wird, wie ich, so

nicht ver - stie - - ben! Nim-mer wird, wie ich, so

treu dich ein an - - drer lie - ben.

treu dich ein an - - drer lie - ben.

treu dich ein an - - drer lie - ben.

treu dich ein an - - drer lie - ben.

9.

Soprano
Alto
Tenor
Bass
Piano
p
Am Do - nau-stran - de,
p dolce
7
S.
A.
T.
B.
Pno.
da steht ein Haus, da schaut ein

ro - si - ges Mäd - chen aus.

ro - si - ges Mäd - chen aus.

ro - si - ges Mäd - chen aus.

Das Mäd-chen, es ist wohl gut ge - hegt,

Das Mäd - chen ist wohl gut ge - hegt,

Das Mäd - chen ist wohl gut ge - hegt,

26
S.
A.
zehn ei-ser-ne Rie - gel sind vor die
T.
zehn ei-ser-ne Rie - gel sind vor die
B.
zehn ei-ser-ne Rie - gel sind vor die
Pno.
p
pp
32
34
f
Zehn ei - ser - ne
Tü - re ge- legt.
Zehn ei - ser - ne
Tü - re ge- legt.
Zehn ei - ser - ne
Tü - re ge - legt.
Zehn ei-ser-ne Rie - gel das
f

38
S.
Rie - gel das ist ein Spaß; die spreng ich als wä - ren sie nur von
A.
Rie - gel das ist ein Spaß; die spreng ich als wä - ren sie nur von
T.
Rie - gel das ist ein Spaß; die spreng ich als wä - ren sie nur von
B.
ist ein Spaß; die spreng ich als wä - ren sie nur von
38
Pno.
44
48
S.
Glas.
A.
p
Glas. Am Do - nau stran - de,
T.
p dolce
Glas. Am Do - nau - stran - de da
B.
p
Glas. Am Do - nau stran - de, da
48
44
Pno.
p dolce

51
S.
A.
da steht ein Haus, da schaut ein
T.
steht ein Haus, da schaut, da schaut ein
B.
steht, da steht ein Haus, da schaut, da schaut ein
51
Pno.
57
rit.
S.
A.
ro - si - ges Mäd - chen aus.
T.
ro - si - ges Mäd - chen aus.
B.
ro - si - ges Mäd - chen aus.
57
rit.
Pno.
pp
pp

www.ingramcontent.com/pod-product-compliance
Lightning Source LLC
Chambersburg PA
CBHW081602040426
42450CB00013B/3306